HIZLI VE YAVAŞ DÜŞÜNME

Özet ve analiz kitabın yazarı
Daniel Kahneman

HIZLI VE YAVAŞ DÜŞÜNME

Özet ve analiz kitabın yazarı
Daniel Kahneman

tarafından yazılmıştır Dries Glorieux
tarafından çevrildi Baris Şahin

HIZLI VE YAVAŞ DÜŞÜNME   4

İnsanların karar verme süreçlerine
zarar verebilecek yanılgılar hakkında bir kitap   4

BAĞLAM   7

Yazar   7
Bağlam ve arka plan   8

HIZLI VE YAVAŞ DÜŞÜNMENİN ÖZETİ   9

HIZLI VE YAVAŞ DÜŞÜNMENİN ETKİSİ   14

Resepsiyon   14
Kahneman'ın yaklaşımına yönelik eleştiriler   15
Miras   17

ÖZET   18

DAHA FAZLA OKUMA   20

Kaynakça   20
Ek kaynaklar   20

HIZLI VE YAVAŞ DÜŞÜNME

İNSANLARIN KARAR VERME SÜREÇLERİNE ZARAR VEREBİLECEK YANILGILAR HAKKINDA BİR KİTAP

Daniel Kahneman ve uzun süredir birlikte çalıştığı Amos Tversky, 1970'lerden başlayarak insanların karar verirken kullandıkları (kusurlu) mekanizmaları derinlemesine inceleyerek geleneksel düşünceyi altüst ettiler. 40 yıl sonra, bu içgörüler şimdiye kadar olduğundan daha geniş bir kitleye ulaştırmak amacıyla *Thinking, Fast and Slow*'da bir araya getirilmiştir.

İki farklı düşünce sistemini (basitçe Sistem 1 ve Sistem 2 olarak adlandırılır, Hızlı ve Yavaş olarak da bilinir) tanımlayan kitap, bu mekanizmaların kaynağını ve hangi koşullarda ortaya çıkabileceklerini açıklığa kavuşturmaktadır. Orta bölümler, Kahneman ve Tversky'nin 1970'lerdeki makalelerinde tanımlanan bazı spesifik mekanizmaları ve bunların günümüz tartışmaları için nasıl geçerli olduklarını daha derinlemesine incelemektedir.

Kitap, Daniel Kahneman'ın insan karar verme mekanizması üzerine kırk yıllık araştırmasının taçlandırılmış başarısıdır ve kitapta yer alan konular üzerine giderek artan bir araştırma dalgasına öncülük etmektedir.

Referans baskı: Kahneman, D. (2011) *Hızlı ve Yavaş Düşünme*. New York: Penguin.

1. baskı: 2011

Yazar: Daniel Kahneman (İsrailli-Amerikalı psikolog ve ekonomist, d. 5 Mart 1934)

Alanlar: psikoloji, ekonomi

Anahtar kelimeler:

- <u>Sezgisel yöntemler</u>: insanların, tam olarak doğrulanmış bir yargıya varmak için yeterli kanıtın olmadığı karmaşık durumlarda yargıda bulunmak için kullandıkları zihinsel bir 'kısayol'.
- <u>Önyargılar</u>: sezgisel yöntemlerin sürekli kullanımının bir sonucu olarak yargıda belirli bir normdan veya rasyonellikten sistematik bir sapma.
- <u>Beklenti teorisi</u>: Kahneman ve Tversky tarafından optimal karar vermenin aksine gerçek hayattaki karar vermeyi analiz etmek için ortaya atılan açıklayıcı model. Model, insanların potansiyel sonuçlara göre değil, potansiyel kayıp ve kazançlara atfedilen ağırlığa göre karar verdiklerini belirtmektedir. Bu kayıp ve kazançların ne kadar olası olduğu ise sezgisel yöntemlerden etkilenmektedir.

- <u>Çıpalama</u>: bazı bilgilerin ilk olarak sunulması nedeniyle bir karar verirken önem algılarını etkileyen özel bir sezgisel yöntemdir. Bu bilgi parçasına dayanarak, bir kişi sonraki bilgiler hakkında bir yargı oluşturacak ve yargıyı ilk bilgi parçası lehine önyargılı hale getirecektir.

- <u>Bağış etkisi</u>: Sahip olunan bir şeye atfedilen değer ile sahip olunmayan bir şeye atfedilen değer arasındaki farklılığı, bu iki öğenin aynı değere sahip olmasına rağmen açıklayan bir sezgisel yöntemdir. İnsanlar eşit değerde başka bir şey karşılığında sahip oldukları bir şeyden ayrılmaya daha az isteklidirler. Ekonomik açıdan bu, Ödeme İstekliliği (bir mal için ödemeye hazır olduğunuz miktar) ve Kabul Etme İstekliliği (bir maldan ayrılmak için kabul etmeye hazır olduğunuz minimum para miktarı) olarak adlandırılan büyük bir fark anlamına gelir.

- <u>Bulunabilirlik</u>: Bir şeylerin hatırlanmasına daha fazla önem atfeden zihinsel kısayol. Birinin zihninde canlı olan şeyler daha önemli olarak görülür Örneğin: uçak kazaları nadiren meydana gelir, ancak yüksek görünürlükleri nedeniyle uçağa binmek zorunda olan birçok insan için sık sık korku kaynağıdır. Öte yandan, araba kazaları çok daha sık meydana gelir, ancak düşük belirginlik nedeniyle hakkında konuşulmaz.

BAĞLAM

YAZAR

Daniel Kahneman, 5 Mart 1934'te, o zamanlar hala Mandater Filistin olan Tel Aviv'de doğdu. Kudüs İbrani Üniversitesi'nde Matematik yan dalıyla Psikoloji bölümünü bitirdikten sonra 1958'de Berkeley'deki California Üniversitesi'nde Psikoloji alanında doktora yapmak üzere ABD'ye gidene kadar İsrail Savunma Kuvvetleri'nde çalıştı. O tarihten bu yana akademisyen olarak Princeton Üniversitesi'nde psikoloji ve kamu işleri alanında emeritus profesör olarak görev yapmaktadır.

En çok, 2002 yılında kendisine Ekonomi Bilimleri Nobel Anma Ödülü'nü kazandıran karar verme araştırmasını birlikte yürüttüğü psikolog Amos Tversky ile uzun süreli işbirliği ile tanınmaktadır (Tversky 1996 yılında ölmüştür). Nobel Ödülü'nün yanı sıra 2013 yılında Başkanlık Özgürlük Madalyası da almıştır. Akademik etkisi psikoloji alanının ötesine geçerek ekonomi ve siyaset bilimi gibi diğer alanlara da yayılmış ve Google Scholar'da 350.000 gibi şaşırtıcı bir atıf sayısına ulaşmıştır. En önemlisi, araştırmaları, 2017 Nobel Ödülü sahibi Richard Thaler ile yıllar boyunca yaptığı işbirlikleri nedeniyle davranışsal ekonomi alanının kurulmasına yardımcı olmada çok önemli bir rol oynamıştır. Bilişsel psikolog Anne Treisman ile 1978'den 2018'deki ölümüne kadar evli kalmış ve iki çocuk sahibi olmuştur.

BAĞLAM VE ARKA PLAN

Psikoloji alanında önyargılar ve sezgisel davranışlar üzerine literatürün yükselişi, ekonomi disiplininin önemli bir alt alanı haline gelecek olan davranışsal ekonomi alanının ortaya çıkışıyla aynı döneme denk gelmiştir. Sezgisel yöntemler ve önyargılar, siyaset bilimci ve ekonomist Herbert Simon'ın (1955) sınırlı rasyonalite olarak tanımladığı durumun bir parçası olarak kullanılan (bilinçaltı) tekniklerin spesifik örnekleridir. İnsanların doğuştan gelen bilişsel sınırlamaları ve içinde yaşadıkları çevrenin getirdiği sınırlamalar nedeniyle, tam anlamıyla rasyonel davranamazlar ve bu nedenle belirli kestirme yolları (sezgisel yöntemler ve önyargılar) kullanırlar.

Daha önce de belirtildiği gibi, Herbert Simon sınırlı rasyonellik ve tatmin edici olma kavramlarını ortaya atarak ve detaylandırarak kusurlu koşullar altında karar verme çalışmalarına öncülük etmiştir. Tatminkarlık, bir eşik uygunluk kavramı içeren bir karar verme stratejisidir. Bireylerin mümkün olan en iyi alternatifi değil, asgari bir dizi gereksinimi karşılayan alternatifi aradıklarını öne sürer.

HIZLI VE YAVAŞ DÜŞÜNMENİN ÖZETİ

Thinking, Fast and Slow, Kahneman ve Tversky tarafından son kırk yılda yapılan pek çok bağımsız araştırmayı özetliyor, ancak bunun ötesine geçerek zihinlerimizin bu sistematik hataları tam olarak *neden yaptığını anlamaya* çalışmak için kavramsal bir çerçeve sunuyor. İlk bölümde Kahneman iki tür zihin arasında ayrım yapmaktadır:

- "*Sistem 1*, çok az çaba sarf ederek ya da hiç çaba sarf etmeden ve gönüllü kontrol hissi olmadan otomatik ve hızlı bir şekilde çalışır.

- *Sistem 2* dikkati, karmaşık hesaplamalar da dahil olmak üzere, kendisinden talep edilen çaba gerektiren zihinsel faaliyetlere tahsis eder. Sistem 2'nin operasyonları genellikle öznel eylemlilik, seçim ve konsantrasyon deneyimleriyle ilişkilendirilir" (s. 20-21).

Sistem 1, çoğunlukla bilinçaltında olmasına rağmen sürekli bizimle birlikte olan otomatik sistemdir. Kahneman buna çağrışımsal hafızamız demektedir. Sistem 2 ise, günlük rutinlerimizde karmaşık konularla çok fazla karşılaşmadığımız için daha az sıklıkta başvurduğumuz kontrollü sistemdir. Kahneman'ın ortaya koymaya çalıştığı nokta, bu iki sistemin birbiriyle 'temas' halinde olduğu ve aralarındaki uyumun (ya da uyumsuzluğun) insanların neden hataya eğilimli olduğu konusunda çok önemli bir rol oynadığıdır.

Genellikle, ikisi arasındaki ilişki biraz hiyerarşiktir:

> "... Sistem 1 ve 2, uyanık olduğumuz her an aktiftir. Sistem 1 otomatik olarak çalışır ve Sistem 2 normalde kapasitesinin yalnızca bir kısmının devreye girdiği rahat ve düşük eforlu bir moddadır. Sistem 1 sürekli olarak Sistem 2 için öneriler üretir: izlenimler, sezgiler, niyetler ve duygular. Sistem 2 tarafından onaylanırsa, izlenimler ve sezgiler inançlara, dürtüler de iradi eylemlere dönüşür. Her şey yolunda gittiğinde, ki bu çoğu zaman böyledir, Sistem 2, Sistem 1'in önerilerini çok az değişiklikle ya da hiç değişiklik yapmadan benimser." (p. 24)

Olağan dışı koşullar oluştuğunda sorunlar ortaya çıkar. Bu koşullarda iki sistem arasındaki koordinasyon bozulabilir ve Sistem 2, Sistem 1'i kontrol etme gücünü kaybeder: "... Sistem 1 genellikle yaptığı işte çok iyidir: alışılmış durumlara ilişkin modelleri doğrudur, kısa vadeli tahminleri de genellikle doğrudur ve zorluklara karşı ilk tepkileri hızlı ve genellikle uygundur. Ancak Sistem 1'in önyargıları, belirli durumlarda yapmaya eğilimli olduğu sistematik hataları vardır" (s. 25).

Bu durumda Sistem 2 devreye girmeli ve Sistem 1'den görevi devralmalıdır: "Sistem 1 zorlandığında, o anki sorunu çözebilecek daha ayrıntılı ve özel işlemleri desteklemesi için Sistem 2'yi çağırır. Sistem 2, Sistem 1'in yanıt veremediği bir soru ortaya çıktığında harekete geçer [...]" (s. 24). Sistem 2, öz kontrol dediğimiz şeyden sorumlu olan sistemdir.

Sonraki üç bölüm, Kahneman ve Tversky'nin (ve bir dereceye kadar başkalarının da) araştırma programlarının başlangıcından bu yana geçen on yıllar içinde tespit ettikleri düşünce tarzımızdaki çeşitli kusurları ele almaktadır. Bunlardan en öne çıkanları aşağıdaki gibidir:

* **Çapalar: çapalar,** insanların belirli bir konuya ilişkin algılarını etkileyen referans noktalarıdır. Bu kendi başına şaşırtıcı değildir çünkü bir şeyleri anlamlandırmak için her zaman referanslar kullanırız, ancak 'kusur', çapanın eldeki konuyla herhangi bir şekilde ilgili olup olmadığına bakılmaksızın, görünüşe göre yine de olayları nasıl algıladığımız üzerinde bir etkiye sahip olmasıdır. Kitapta, Gandhi'nin öldüğünde kaç yaşında olduğu sorulduğunda, çarkıfelek üzerindeki iki rastgele sayının insanların verdiği kararı nasıl etkilediği örneği veriliyor. Sayıların Gandhi'nin öldüğündeki gerçek yaşıyla (78 yaşında) doğrudan bir bağlantısı yoktu ancak yine de insanların verdiği yanıtı etkiledi. İlk sayı 10, ikincisi ise 65 idi. Tahmin edilebileceği gibi, ortalama olarak 10 alan kişiler, 65 alan kişilere kıyasla öldüğü zamanki yaşı hakkında daha düşük tahminlerde bulunmuşlardır. Bu etki yıllardır iyi bir şekilde belgelenmiştir, ancak insanların neden çıpalama etkilerine duyarlı oldukları yakın zamana kadar çözülememiştir: "İki farklı mekanizma çıpalama etkisi yaratır – her sistem için bir tane. Sistem 2'nin bir operasyonu olan kasıtlı bir ayarlama sürecinde ortaya çıkan bir çapalama biçimi vardır. Bir de Sistem 1'in otomatik bir tezahürü olan priming etkisiyle ortaya çıkan bir çıpalama vardır" (s. 120).

- **Bulunabilirlik: Bulunabilirlik sezgiselliği** bir bakıma çıpalama sezgiselliğine benzer çünkü insanların kendilerine yanlış bir izlenim veren bir şeyi gerçekten *görmelerine* bağlıdır. İmgeler zihnimizle oynar çünkü ilk sistemin zayıflıklarıyla ciddi şekilde oynar:

> *"Medyanın ilgisi ve sık sık yapılan konuşmalarla sürekli olarak pekiştirilen son derece canlı bir ölüm ve hasar imgesi, özellikle de bir otobüsün görülmesi gibi belirli bir durumla ilişkilendirilmişse, son derece erişilebilir hale gelir. Duygusal uyarılma çağrışımsal, otomatik ve kontrolsüzdür ve koruyucu eylem için bir dürtü üretir. Sistem 2 olasılığın düşük olduğunu "bilebilir", ancak bu bilgi kendi ürettiği rahatsızlığı ve bundan kaçınma isteğini ortadan kaldırmaz. Sistem 1 kapatılamaz. Duygu yalnızca olasılıkla orantısız olmakla kalmaz, aynı zamanda tam olasılık düzeyine karşı da duyarsızdır." (s. 322-323)*

- **Bağış etkisi:** Daha önce de belirtildiği gibi bağış etkisi, kişisel olarak sahip olduğunuz bir şeye atfettiğiniz değerin, sahip olmadığınız başka bir öğeye atfettiğiniz değerden daha fazla olması, ancak nesnel olarak değerlendirildiğinde aslında tam olarak aynı değere sahip olmalarıdır. Bu tutarsızlığa ne sebep oluyor? Bunun nedeni farklı malların doğasında var olan herhangi bir özellik değil, hizmet ettikleri amaçtır: "Ayırt edici özellik, hem tüccarın size sattığı ayakkabıların hem de bütçenizden ayakkabı için harcadığınız paranın "takas için" tutulmasıdır. Başka mallarla takas edilmek üzere tasarlanmışlardır. Şarap ve Super Bowl biletleri gibi diğer mallar ise "kullanım için", tüketilmek ya da başka bir şekilde keyif alınmak üzere elde tutulur" (s. 294). Kullanmayı düşündüğünüz mallar sizin için takas için olan mallardan daha yüksek bir değere sahiptir, bu nedenle kitapta verilen örnekte olduğu gibi güzel bir şişe şarabınız olduğunda, size verilen miktar onu satın almak için harcamak istediğiniz miktarın oldukça üzerinde olmadığı sürece onunla yollarınızı ayırmak konusunda isteksiz olacaksınız.

HIZLI VE YAVAŞ DÜŞÜNMENİN ETKİSİ

RESEPSİYON

Nobel Anma Ödülü sahibi bir kişi tarafından yazılan ve zengin akademik araştırmaları zarif bir şekilde özetleyen bir kitabın büyük ilgi görmesi kaçınılmazdır ve bu noktada da öyle olmuştur. Kitap geniş çaplı eleştiri ve övgüler almış, Ulusal Bilimler Akademisi En İyi Kitap Ödülü, *The New York Times Book Review*'un 2011'in en iyi kitaplarından biri, The *Economist'in* 2011 Yılın Kitapları ve *The Wall Street Journal'ın 2011'in* En İyi Kurgusal Olmayan Kitapları gibi ödülleri kazanmıştır.

Kitap 2011'deki ilk baskısından bu yana bir buçuk milyondan fazla satmış ve New York Times Bestseller Listesi gibi çok satanlar listelerinde yer almıştır. Akademik olarak ise *Journal of Economic Literature* gibi yayın organlarında değerlendirilmiştir.

Bir akademisyen tarafından yazılan ve akademik dünya ile ana akım dünya arasında kalmayı başaran az sayıdaki kitaptan biridir. Kitap, akademisyenler tarafından psikoloji ve davranışsal ekonomi derslerinde ders kitabı olarak veya bir dersin okuma listesinin bir parçası olarak kullanılmaktadır.

KAHNEMAN'IN YAKLAŞIMINA YÖNELİK ELEŞTİRİLER

Akademik dünyada genel olarak olumlu karşılanmasına rağmen, sezgisel yöntemler ve önyargılara ilişkin literatür hala bazı eleştirilere maruz kalmaktadır. Özellikle iki eleştiri dikkat çekmeye değer görünmektedir:

1. Sezgisel yöntemlerin ve önyargıların işleyişinin bir sonucu olarak ortaya çıkan irrasyonelliğin piyasa sürecinde ayıklanacağı/ayıklanacağı iddia edilmiştir. Fiyatlar ve tahsisler, ilgili psikolojik faktörlere rağmen ekonomik açıdan verimli hale gelecektir. Bunun özel bir örneği Milton Friedman'ın (1953) finansal piyasalardaki bu mekanizma örneğidir.

2. İkinci eleştiri, psikolojik faktörlerin bireysel davranışlar üzerindeki etkisini kabul etmekte, ancak bunun sadece marjdaki davranışları etkilediğini, oysa standart ekonomik yaklaşımların birinci dereceden davranışlarla ilgilendiğini iddia etmektedir. Bu nedenle, bireyler tarafından alınan temel kararları etkilemez (ya da en azından anlamlı bir şekilde etkilemez).

Bu eleştiriler genellikle ampirik araştırmalarla ele alınmış ve tartışılan piyasa mekanizmalarının etkinliği konusunda şüphe uyandırmıştır.

Daha güçlü bir eleştiri Andrei Shleifer (2012) tarafından getirilmiştir. Sistem 1 ve Sistem 2 arasındaki işlevsel ayrım, daha yakından bakıldığında zorlanmaktadır. Sistem 2'nin Sistem 1 hatalarına karşı güvenilir bir bilgi kontrolü sağlaması gerçekten söz konusu mudur? Shleifer, Sistem 2'nin sahip olduğu bilginin insanlar arasında radikal farklılıklar gösterdiğine işaret etmektedir:

> *"... 20 x 20 hesaplamak Sistem 1'e göre zahmetsiz bir iştir, çünkü ekonomistler hem bu konuda iyi olmak üzere seçilmişlerdir hem de bolca pratik yapmışlardır. Ancak uzman olmayan pek çok kişi için bu işlem zahmetli, hatta imkansızdır ve kesinlikle Sistem 2'nin alanıdır. Buna karşılık, bir ampulü vidalamak benim için çok Sistem 2 [...]. İnsanlar bilgi veya uzmanlık kazandıkça, iki sistemin etki alanları değişir."* (2012: 4)

Sistem 2'nin Sistem 1 tarafından yapılan hataları düzeltip düzeltmeyeceği, ikisi arasında genelleştirilebilir herhangi bir bilgi dağılımına değil, daha çok ilgili bireylerin özelliklerine bağlı görünmektedir. Dahası, iki sistemle ilişkili sorunlar teorik olarak birbirinden farklıdır: Kahneman'ın (ve Tversky'nin) belirttiği gibi, insanlar Sistem 1 düşünmede başarısız olurlar çünkü sorunlar hakkında doğru şekilde düşünmezler. İnsanlar Sistem 2 düşünmede ise, yukarıda bahsedilen sınırlı rasyonalite nedeniyle başarısız olurlar; yani bilinçli olarak dikkatimizi vermemize rağmen (örneğin bu problemler hakkında doğru şekilde düşünmemize rağmen) karmaşık problemleri çözmenin kendisi sınırlıdır.

Dolayısıyla Sistem 1 ve Sistem 2 farklı zihinsel süreçler gibi görünmektedir ve bu da Shleifer'in Kahneman'ın 1 ve 2 arasındaki hiyerarşik görüşünün gelecekteki araştırmalar tarafından karşılanmayabileceğini düşünmesine yol açmaktadır: "... Sistem 1 ve Sistem 2'nin her biri farklı zihinsel süreçlerin bir toplamı gibi görünmektedir. Sistem 1 bilinçsiz dikkat, algı, duygu, hafıza, otomatik nedensel anlatılar vb. içerir. Düşüncenin biyolojisi çözüldüğünde, kafamızda gerçekte neler olup bittiğinin hızlı ve yavaş düşünme olarak düzgün bir şekilde haritalanmasının pek mümkün olmayacağından endişeliyim." (a.g.e.: 5).

MİRAS

Kitaptaki fikirler psikoloji, ekonomi, siyaset bilimi, işletme ve finans gibi birçok alanı temelden etkilemiştir (davranışsal finans üzerine yaptığı çalışmalarla 2013 Nobel Ekonomi Bilimleri Anma Ödülü'nü kazanan Robert Schiller'in çalışmalarının da gösterdiği gibi). Daha önce de belirtildiği üzere, ekonomi alanında Richard Thaler ve hukuk alanında Cass Sunstein gibi isimler Kahneman ve Tversky'nin araştırma projeleriyle çok uzun süredir yakından ilişkilidir.

Sezgisel yöntemler ve önyargılar araştırma programının özellikle dikkate değer bir sonucu, özgürlükçü paternalizm alanının yükselişi olmuştur. Thaler burada Sunstein ile işbirliği yaparak bilişsel eksikliklerin varlığının politikaların tasarlanması üzerindeki etkisi üzerine düşünmüştür (bkz. kendileri tarafından yazılan *Nudge* kitabının rehberi). Buradaki fikir, hükümetlerin 'Seçim Mimarisi' dedikleri şeyi uygulayabilmeleridir: İnsanları, kendileri tarafından değerlendirildiği şekliyle kendileri için daha iyi olan belirli seçimler yapmaya iten bir dizi öneri. Bu politika dürtmelerinin tam da insanların psikolojik eğilimlerine hitap ettikleri için daha iyi sonuç vermeleri beklenmektedir.

ÖZET

Kahneman, insan düşünce süreçleriyle ilgili bir dizi anahtar terim tanımlar:

- **Sistem 1:** Karşılaştığımız günlük bilgi akışıyla başa çıkmaktan sorumlu olan sistem. Dürtüsel ve büyük ölçüde bilinçaltıdır ancak genellikle işi halleder çünkü karşılaştığımız şeyler büyük ölçüde Sistem 2'ye geçmemizi gerektirmeyen basit durumlardır. Sistem 1 temel olarak hemen hemen herkesle paylaşılan doğuştan gelen insan kapasitelerini ve fikirler arasında ilişkilendirme, okuma, nüans vb. gibi bazı temel öğretilmiş becerileri içerir. Bu bilgi depolanır ve insanlar tarafından niyet veya çaba olmaksızın erişilir.

- **Sistem 2:** Bu, *bilinçli olarak* gerçekleştirilen işlemleri kapsar: "Sistem 2'nin çok çeşitli işlemlerinin ortak bir özelliği vardır: dikkat gerektirirler ve dikkat çekildiğinde kesintiye uğrarlar" (s. 22). Burada insanlar bir değiş tokuşla karşı karşıyadır: mevcut olan dikkat miktarı sınırlıdır ve bu nedenle herhangi bir anda yalnızca az sayıda şeye odaklanabiliriz. Bu da bizi bazılarına bakarken diğerlerini ihmal etmeye yönlendirir. Kitapta bahsedilen kanonik araştırma, insanlara bir videodaki iki grup insandan birine odaklanmalarının söylendiği deneydir. Onlar bunu yaparken görüntüden maymun kıyafeti giymiş bir adam geçer. Çoğu insan maymunun geçtiğinden habersizdir çünkü mevcut odaklarının tamamını belirli bir gruba harcamakta ve bu süreçte diğer şeyleri saf dışı bırakmaktadırlar.

- **Beklenti Teorisi:** Kahneman ve Tversky'nin, örneğin neoklasik ekonomide kullanılan soyutlamaların aksine, insanların gerçek hayatta nasıl seçim yaptıklarını açıklamak için geliştirdikleri teorik seçim çerçevesi.

- **Sezgisel yöntemler:** tam olarak bilgilendirilmiş bir karar vermek için gerekli olan bilgiye erişmeden belirli konularda karar vermek için insanlar tarafından kullanılan zihinsel kısayollar. Bu kestirme yollar hem olumlu hem de olumsuz olabilir çünkü kestirme yollar güvenilir bir vekil olan mevcut en iyi bilgiye dayanabilir veya şans, nedensellik vb. unsurları yanlış temsil ederek eldeki konuyu çarpıtabilir.

DAHA FAZLA OKUMA

KAYNAKÇA

Kahneman, D. (2011) *Hızlı ve Yavaş Düşünme*. New York: Penguin.

EK KAYNAKLAR

Glorieux, D. (2019) *Kitap İncelemesi: Richard H. Thaler ve Cass S. Sunstein'dan Dürtme*. Brüksel: Plurilingua Yayıncılık.

Kahneman, D. & Tversky, A. (1979) Beklenti Teorisi: Risk Altında Karar Verme Üzerine Bir Analiz. *Econometrica*. 47(2), s. 263-292.

Shleifer, A. (2012) Psikologlar Kapıda: Daniel Kahneman'ın *Hızlı ve Yavaş Düşünme* kitabına bir inceleme. *Journal of Economic Literature*. 50(4), s. 1-12.

Simon, H. (1955) A Behavioral Model of Rational Choice. *The Quarterly Journal of Economics*. 69(1), s. 99-118.

Thaler, R. & Sunstein, C. (2009) *Dürtme: Sağlık, zenginlik ve mutlulukla ilgili kararların iyileştirilmesi*. New York: Penguin.

Tversky, A. & Kahneman, D. (1974) Belirsizlik altında yargı: Sezgisel yöntemler ve önyargılar. *Science*. 185(4157), s. 1124-1131.

Tversky, A. & Kahneman, D. (1973) Kullanılabilirlik: Sıklık ve Olasılığı Değerlendirmek için Bir Sezgisel Yöntem. *Bilişsel Psikoloji*. 5, s. 207-232.

Sizden haber almak istiyoruz!
Çevrimiçi kütüphaneniz hakkında yorum bırakın
ve favori kitaplarınızı sosyal medyada paylaşın!

IMPROVE YOUR GENERAL KNOWLEDGE

IN THE BLINK OF AN EYE !

www.50minutes.com

IMPROVE YOUR GENERAL KNOWLEDGE
IN THE BLINK OF AN EYE!

www.50minutes.com

Yayıncı, yayınlanan bilgilerin güvenilirliğini garanti eder, ancak sorumluluğunu üstlenemez.

Ana ISBN : 9782808600750
Kağıt ISBN : 9782808602204
Yasal depozito: D/2022/12603/221

Dijital tasarım: Primento, yayıncıların dijital ortağı.